8 पंखुड़ियां गुलाब की

दवारा 

पिंक्स ❤

ISBN 979-8-88869-342-1

अंतर्वस्तु

इस पुस्तक की सभी कविताएँ उन लोगों से प्रेरित हैं जिनसे मैं अपने जीवन में किसी न किसी समय परिचित हुई हूँ।

कविताएं मन की भावनाओ का मूर्त रूप है।

8 प्रथम भावनाएँ हैं जिनके आधार पर पुस्तक का नाम **"8 पंखुड़ियां गुलाब की"** रखा गया है।

स्वीकृति

मैं उन लोगों के लिए अपना विशेष आभार व्यक्त करना चाहती हूं जिनके बिना यह पुस्तक दिन के उजाले को नहीं देख पाती

1. स्कूल शिक्षिका शीतल वधावन- मेरी भाषा कौशल में सहायता के लिए।

2. मित्र अरुण सोनकर - पुस्तक कवर डिजाइन करने और खूबसूरत नाम का सुझाव देने के लिए।

3. मित्र दिलीप शाह - इस यात्रा में निरंतर मार्गदर्शन और सहायता के लिए।

4. सखी मीनल दोशी - कानूनी पहलुओं पर मार्गदर्शन के लिए।

5. भाभी जागृति पारेख - मेरी छिपी प्रतिभा को पहचानने में मेरी मदद करने के लिए।

6. भाभी रीमा पारेख - मेरे सपनों को प्राप्त करने के लिए निरंतर प्रेरणा के लिए।

इन सब के पश्चांत मैं अपने माता-पिता को धन्यवाद देना चाहती हूँ जो हमेशा मेरा समर्थन करते हैं। यह उनका दिया हुआ उपनाम है, जिसने मुझे अपना कलम नाम प्राप्त करने के लिए प्रेरित किया।

अंत में, मैं अपने परिवार, दोस्तों और शुभचिंतकों को धन्यवाद देना चाहती हूँ जिन्होंने मेरे काम के लिए प्रशंसा की है और मुझे अपने सपनों को जीने के लिए प्रेरित किया है।

1

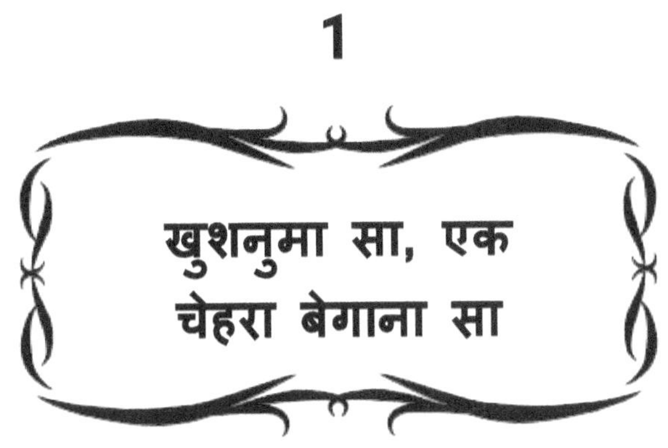

कुछ अपनों ने कही, कुछ बेगानो ने कही,

जो भी सुनी औरों से सुनी,

तर्क वितर्क पर हमारी ज़िंदगी थी,

ख्यालों में धुंधली तस्वीर तुम्हारी थी।

क्या कहूँ किस से कहूँ यह मेरी समझ से परेह था,

ज़िंदगी की कशमकश में, मैं बेहाल थी,

एक दिन ज़िंदगी से पूछा, क्या चाहत है तेरी?

ज़िंदगी ने मुड़कर जवाब दिया,

तेरी खुशी ही इबादत है मेरी।

सवालों में उलझी अपने डर से जूझती,

जितना सोचती उतना और उलझती जाती,

आँखें बंद कर फिर ज़िंदगी से पूछती,

तूही बता क्या मंजिल है मेरी?

वह हँसी, फिर बोली तेरी खुशी ही इबादत है मेरी,

जिस डर से तू जूझती वही मंजिल है तेरी,

नयी सोच के साथ ज़िंदगी तराश ली थी,

नयी सुबह के साथ एक नयी उम्मीद जगी थी।

चल पडी उसी राह पे जहाँ से मंजिल की आस थी,

इस बार मुझे सुननी तेरी जुबानी थी,

कुछ यादें जोड़ कर एक तस्वीर बनाई थी,

तस्वीर में तुम्हारे साथ अपनी जगह पाने की आस थी।

इस बार मुझे सुननी तुम्हारी जुबानी थी,

क्योंकि यह कहानी अब मेरी और तुम्हारी थी।

2

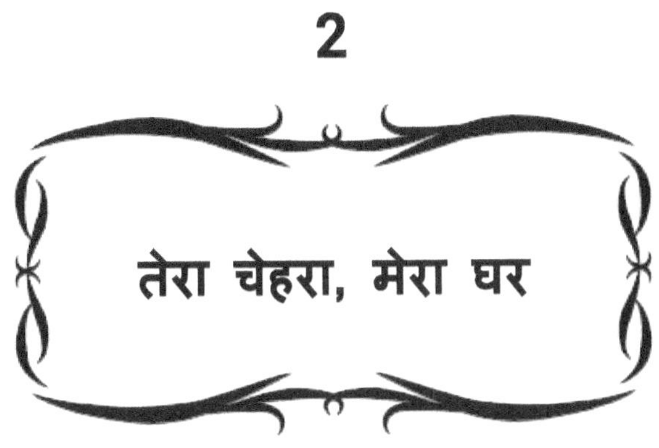

तेरे चेहरे से दिल तक पहुँचना था,
यह सफर तय करना हमारे लिए जरूरी था,
दिन महीने साल गुजर गए इंतज़ार में तेरे,
पर मंजिल को पाना ही मेरा मुक्द्दर था।

एक उम्मीद सी थी, मंजिल दूर सही नामुमकिन नहीं,
किस्मत में मेरी देर सही दूरी नहीं,
मेरी मोहब्बत पर तुझे यकीन नहीं,
तेरे ना आने की कोई गुंजाइश नहीं।

मेरा प्यार इतना बुलंद था,
तेरा आना भी जरूरी था,
कायनात का रचाया ये चक्रव्यूह था,
जहाँ हमरा मिलन उसका ही फैसला था।

3

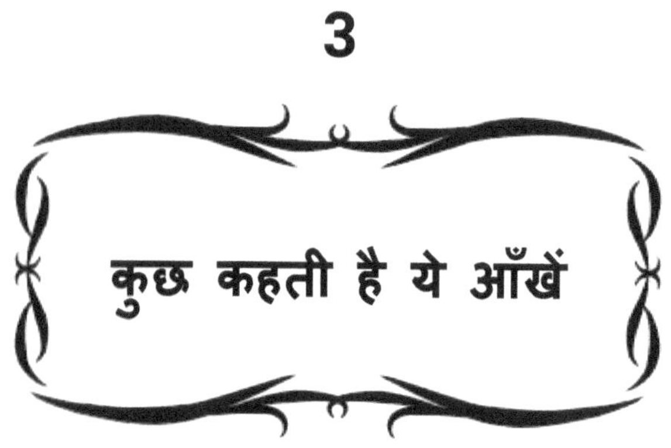

तुम जब सामने आओगे तब क्या करुँगी?
इस सवाल का जवाब तुम्हारी आँखों में देखूँगी,
तेरी मीठी सी मुस्कान को संजो के रखूँगी,
अपने दिल की धड़कन तेरे दिल से जोड़ दूंगी।

जो सोचा था, सब कह दूंगी,
इस दिल के तार को, टूटने नहीं दूंगी,
तुम क्या कहोगे ये नहीं सोचूंगी,
अपने दिल के सारे अरमान आँसुओं से बया करुँगी।

मुक़द्दर का दिया ये मौक़ा नहीं खोऊँगी,
तुम्हें देख कर ना जाने क्या करूंगी,
तुम्हें अपनी बाहों में भरुँगी,
उस पल ज़िंदगी का आनंद लूंगी।

तुम जब सामने आओगे तब क्या करुँगी,
इस सवाल का जवाब तो बस आँखों ही देंगी।

4

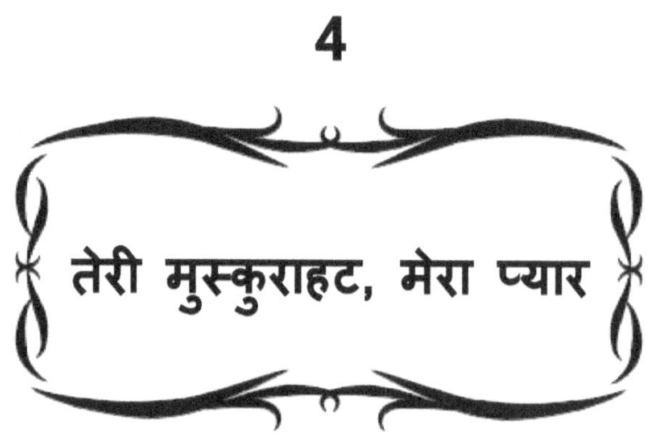

आज मुस्कुराते हो, तो कल प्यार भी करोगे,

इस दिल की धड़कन अपने दिल में सुनोगे,

मेरी शिद्दत की चाहत को,

अपने दिल में महसूस करोगे।

यह प्यार का एहसास तुम भी जानोगे,

हमारे होने की दुआ तुम भी करोगे,

जितनी इबादत तुम करोगे,

उतनी मोहब्बत हम से करोगे।

इन गुज़रते लम्हो का क्या करोगे?

जो वक़्त बीत चला उसे कैसे थामेंगे?

हमारे अस्तित्व का फैसला कब करोगे?

अपने होने का इज़हार कब करोगे?

हमारे सवालों का जवाब कब दोगे?
दो दिलों की धड़कन को एक कब करोगे?
हमारे मिलन का मुकाम कब तय करोगे?
हमें अपने दिल में जगह कब दोगे?

अब मुस्कुराते हो तो प्यार भी करोगे,
हमें अपना बताने का हक्क कब दोगे?

5

तुम्हारे प्यार ने शायर बना दिया,

यह सोया हुआ हुनर, फिर जगा दिया,

प्यार का एहसास जो खोया था कभी,

उस एहसास को फिर जगा दिया।

इनकार के जो पल थे,

उसको ही मंजिल बना दिया,

तेरा चेहरा भी गवारा ना था कभी,

उसे पाने की जिद्द ने दिवाना बना दिया।

जिस दिल का दरवाजा बंद था कभी,

उस दिल में घुस ना सीखा दिया,

जो जगह खाली थी कभी,

उस पर हमरा मक़ाम बना दिया।

मँझधार में रुकी कश्ती को साहिल पर ला दिया,

हम दो किनारों को आज फिर मिला दिया,

तुम्हारे प्यार ने शायर बना दिया,

ये सोया हुआ हुनर, फिर जगा दिया।

6

कुछ अनकही
कुछ अनसुनी

एक अरसा बीत गया तुम्हारी आवाज सुने,

मानो कल की ही बात थी,

पर इस कल को भी तो काफी साल हुए,

जब पहली बार यह आवाज इन कानों में पडी।

तुम बोलते गए में सुनती गई,

क्या बोला इस बात का ज्यादा इल्म ना था,

बस इस बात की अजीब खुशी थी,

उस आवाज की अपनी एक अलग चाहत हुई।

दिल किया, यू ही सुनती रहु, तुमसे बातें करती रहु,

यह शायद पहली बार ही हुआ था,

जब मैं ने ज्यादा कुछ नहीं कहा था,

बस जो तुमने कहा वो मैंने सुना था।

किस्मत की अपनी मर्ज़ी थी,

तेरी आवाज बहुत कम बार सुनी थी,

पर यह आरजू हमेशा दिल में थी,

मानो आवाज की ध्वनि मेरे कानो के लिए ही बनी थी।

7

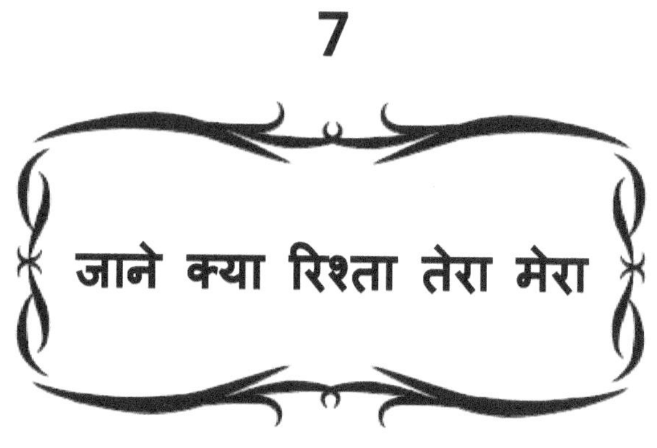

ना देखा कभी, ना जाना कभी,
कोशिश बहुत की, पर तू ना आया कभी।

हर पल हर घड़ी अनजानी चाहत बनी रही,
मुझ से जुड़ी हर बात तुमसे होकर गुज़री,
ना जाने क्या कशिश है तेरी,
मेरी हर मुश्किल आसां हो चली।

यह कैसा रिश्ता है,
जो मैं हर पल तेरी और खींची,
जाने यह कैसा बंधन है,
जो मैं तुझमें गुम सी हुई।

तुम सहमत या असहमत सही,

तेरा मुझसे है नाता कोई,

यूही नहीं याद आता कोई,

तुम पर मर मिटा है कोई,

बेख़बर अभी तुम हो सही।

यह कैसा इश्क है जनाब,

इसकी खबर मुझे भी नहीं, तुझे भी नहीं,

क्या दुआ मांगी थी तुमने, हमसे मिलने की,

जो हर सांस मेरी, तेरी ओर चली।

नाजाने यह रिश्ता क्या कहलाता है?

नाजाने मेरा तुमसे क्या नाता है?

हर पल मुझे तेरी याद दिलाता है,

नाजाने यह रिश्ता क्या कहलाता है?

8

क्या पहेली है ज़िंदगी,

एक किताब सी है ज़िंदगी,

ना शीर्षक पता ना पन्ने,

फिर भी रोज पढ़ी जाती ज़िंदगी।

सब की अपनी किताब,

सब के अपने पन्ने,

ना पहला पन्ना पता,

ना आखिरी की खबर,

फिर भी रोज जी जाती ज़िंदगी।

अपने अपने अध्याय,

अपने अपने तजुर्बे,

अपना अपना फैसला,
मुस्कुराके जिए या उदास होकर,
तो क्यूँ ना मुस्कुराके जिए ज़िंदगी?

आज में जीता नहीं,
कल की फ़िकर में गुजरती ज़िंदगी,
लोग क्या कहेंगे!
इस सोच में जी ली ज़िंदगी।

जनाब यह चार दिन की ज़िंदगी,
जिस के दो पन्ने गुजर गए,
कल मैने देखा नहीं,
आज क्यों न खुलकर जी ले ज़िंदगी?

जिस मालिक ने दी है ज़िंदगी,
उसने हर पन्ने पर लिखी है पंक्तियाँ,
वह पढ़ पाना हमारी फितरत नहीं,
और पढ़ने की जरूरत नहीं।

तू इस विश्वास से जी ले ज़िंदगी,
मेरी किताब सब से सुन्दर लिखी,
ना पहला पन्ना साथ देगा,

ना आखिरी का सहारा होगा,
सब से रहस्यमय किताब,
का अंदाज भी निराला होगा।

निष्कर्ष इस बात पर निर्भर होगा,
क्या खूब जी तूने यह ज़िंदगी,
अपने लिए जिया या औरों के लिए,
यह पहेली कभी न सुलझी।

ज़िंदगी की किताब एक सुन्दर पहेली।

9

हमारी निराली कहानी

एक शीतल ध्वनि सुनी,
ख़्वाबों की तस्वीर मैं ने रंगी,
छवि की अपनी दास्तान थी,
यह तेरी-मेरी कहानी थी।

बेगाना होकर भी अपना सा है तू,
औरों के मुकाबले अपना सा है तू,
मेरे ख़्वाबों में रहता मेरा अपना है तू,
तुझे क्या पता कितना अनमोल है तू।

रोजाना आते हो ख़यालों में,
थकते नहीं क्या तुम आते जाते?
बहुत हुआ ये आना जाना,
अब तो रहो मुक़द्दर में मेरे।

वक़्त बदल ने का इंतजार है,
तेरे आने पर ऐतबार है,
वो लम्हा भी क्या खास है,
जहाँ तेरे मेरा साथ है।

10

क्या पता था ज़िंदगी इस मोड़ पे ले आएगी,

तेरी कशिश मुझे इस तरह तड़पाएगी,

सोचा ना था कभी हमें भी मोहब्बत होगी,

जो कदम कदम पर इम्तिहान लेगी।

इश्क तो बहुत हुआ पर मोहब्बत आज हुई,

किसी के पास ना होने की कमी आज खली,

कोई और होता तो यादें आँसुओं में बहा देती,

तेरी तो यादें भी नहीं जिसको मैं अपना कहती।

कहने को तू दूर किसी किनारे सही,

वहाँ की मुसाफ़िरी मुश्किल ही सही,

हौसला मैं कभी हारी नहीं,

अपनी कश्ती तेरे साहिल पर लाऊँगी कभी,

किसी ने क्या खूब कहीं,
इश्क ज्यादा जलाता है या आग?
तुम्हें तो मालूम ही नहीं,
तेरे इश्क की आग में मैं रोज जली।

एक पल ऐसा भी होगा,
तेरा मेरा साथ होगा,
एक ही कश्ती एक ही किनारा,
जहाँ हम दो मुसाफिरो का मुक़ाम होगा।

11

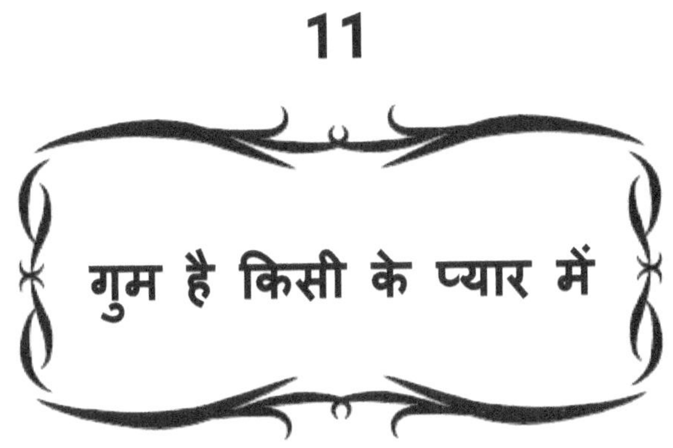

किस मोड़ पर ले आया है ये प्यार,
ना पीछे का छोरा ना आगे का रास्ता,
ऐसे दोराहे पर मैं खड़ी हूँ,
कशमश में जी रही हूँ।

दिल और दिमाग की अजीब कशमकश है,
दिल कहता है वह तेरे लिए बना है,
दिमाग कहता है उसको तो कोई इल्म नहीं,
ये किस दोराहे पर ले आया है तू?

दिल रुका है उसकी एक आहट के लिए,
दिमाग को इस बात का एहसास नहीं,
एक अनदेखी डोर है हमको बांधे हुए?
ये किस दोराहे पर ले आया है तू?

ये रूह से रूह का कैसा नाता है?
जो हमे रोज तड़पाता है।
उनको तो छू भी नहीं पाता है,
ये किस दोराहे पर ले आया है तू?

किस जन्म का नाता है?
क्या ये रिश्ता सदियों पुराना है?
फिर इस जन्म में क्यूँ यह इतना बेगाना है?
ये किस दोराहे पर ले आया है तू?

कब पहुँचेगी यह भावना उनके दिल तक?
कब होगा उस दिल को इस दिल का एहसास?
कब आएगी सही मंज़िल, जिस पर चल हम कहे उसको,
गुम है हम हर पल तेरे ही प्यार में।

12

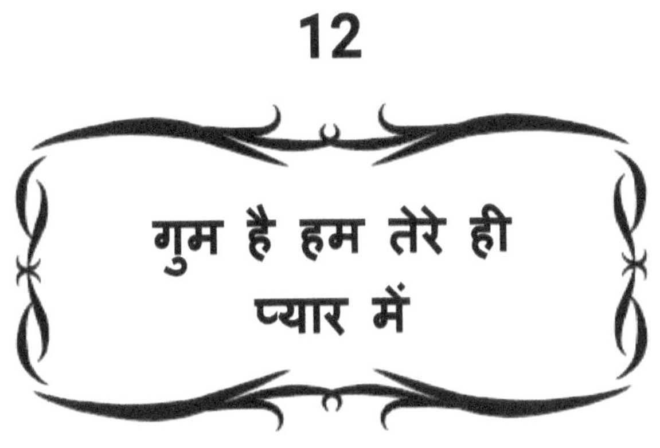

गुम है तेरे ही प्यार में दिल सुबह शाम,
पर तुम्हें कह नहीं पाऊँ मैं अपना हाल।

जो हाल है मेरा उससे क्यूँ है तू अनजान?
एक बार तो मुड़ के देख किसे है तेरा इंतजार।

ना जाँनू क्या है तेरी ख्वाहिश,
ना जाँनू क्या है तेरा अनुभव,
बस में इतना जाँनू,
मुझे एक मौके की है आरज़ू।

एक बार तो मुझे देख,
खड़े है हम भी राह तके,
एक बार तो सुन ले,
गुम है हम तेरे ही प्यार में।

13

यह ज़िंदगी भी एक नायाब किताब है,
जिसे पढ़ने का अंदाज भी कुछ निराला है,
कुछ इस तरह पढ़ी जाती है,
लम्हा दर लम्हा पल हर पल।

किस पल किस लम्हे में क्या लिखा है,
वह तो उस पल में जिया जाता है,
कौनसा लम्हा कौनसा पल आखिरी है,
यह तो पढ़ने वाला भी नहीं जानता है।

इसको पढ़ने का, जीने का अंदाज भी निराला है,
यह सत्य तो हर कोई जानता है,
फिर पल पल अगले पल के इंतजार में,
क्यूँ जीता है तू यह ज़िंदगी?

यह किताब कुछ इस तरह पढ़ी जाती,

इसके जीने का अंदाज भी निराला है,

जियो तो हर पल ऐसे जियो,

जैसे की आखिरी हो।

14

ज़िंदगी में कुछ इस प्रकार मायूसि छायी थी,

उम्मीद की कोई किरण नज़र ना आयी थी,

सवालों के बवंडर में उलझी थी,

जवाबो की आस में खोयी थी।

एक दरवाजा बंद था,

मानो सारा संसार नाराज था,

बंद दरवाजे के पीछे कुछ राज़ था,

ये हमारी भीगी आँखें ने ना देखा था।

एक दरवाजा बंद हुआ था,

बहुत से दरवाज़े खुले हुए थे,

कभी ना जाना था,

उन दरवाज़ों से होकर भी रास्ता गुजर ता था।

फिर यूं अचानक एक दिन,
नज़र पड़ी उन दरवाज़ों पर,
दिल ने कहा आज़मा कर देख,
कहीं यही वह रास्ता तो नहीं?

चल पड़ी उस राह पे,
जो उन खुले दरवाज़ों से होकर गुज़रे,
याद आया फिर किसी रोज़,
पहले गुज़री थी इस राह से।

अंजाना सफर था,
नया रास्ता था,
इसलिए कुछ कदम चल,
फिर लौट आयी थी।

अब यह आलम है,
पहले वाला दरवाजा बंद है,
फिर एक कोशिश तो बनती है,
आगे का सफर समझने में,
एक नया दरवाजा खोल ने में।

15

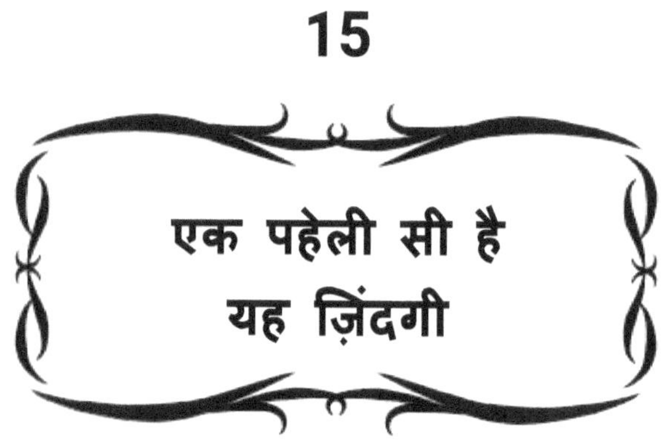

एक पहेली सी है यह ज़िंदगी,

अदृश्य सियाही में लिखी,

पंक्ति दर पंक्ति में दिखती,

अपने राज़ कुछ इस तरह खोलती।

इससे पहले की पहली पंक्ति समझ आती,

दूसरी का राज़ खोलती यह ज़िंदगी।

इससे जी कर यू लगता की कुछ कुछ समझ आती,

तब वह फिर एक पंक्ति खोलती।

अचम्भे से भरी हुए यह ज़िंदगी,

कभी कुछ समझाती,

कभी कौतूहल बढ़ाती,

एक पहेली सी है यह ज़िंदगी।

ना कोई शिक्षक है, ना कोई मार्गदर्शक है,
जाना कहा है, क्या प्राप्त करना है,
किसी को नहीं ज्ञात है,
फिर भी रोज दौड़ती है यह ज़िंदगी।

कभी आशा है, कभी निराशा है,
कभी कोई अकेला है, कभी किसी का साथ है,
कभी भीड़ में भी अकेला है,
तो कभी किसी खास का साथ है।

क्यूँ लिखी है तूने एक पहेली सी ज़िंदगी?
रोज जीती हूँ, पर समझ नहीं आती,
आगे क्या लिखा है यह आज पढ़ नहीं पाती,
फिर भी रोज जी रही हूँ, तुम्हे ऐ ज़िंदगी।

16

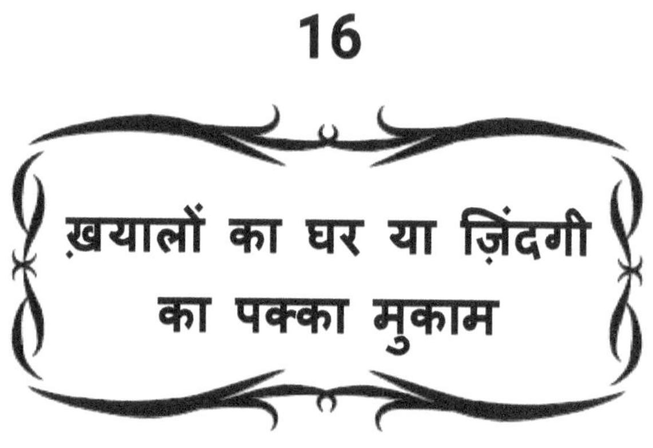

छोड़ दिया हमने लोगों को ख़यालों में जगह देना,

आना है तो ज़िंदगी में आ क्योंकि वही स्थायी जगह है,

ख़यालों में अनगिनत मुसाफिरों का आना जाना है,

इस भीड़ में तेरे लिए कोई खास एक जगह नहीं है।

दिल और दिमाग की अपनी मशक्कत है,

खयाल आज है कल नहीं है,

पर यह ज़िंदगी तो हर पल है,

जो एक ही बार में गुज़रती है,

थक जाती हूँ में मुसाफिरों का हिसाब रखते हुए,

जो अपनी मर्ज़ी से आते जाते है,

आने जाने के बीच के लम्हो में जो भड़दड मचाते है,

और मुझे यू अचंभे में छोड जाते है।

बहुत हुआ ये आना जाना,
हमको नहीं है और गुर्राना,
आना है तो ज़िंदगी में आ,
क्योंकि छोड़ दिया है हमने,
हर किसको ख्यालों में जगह देना।

17

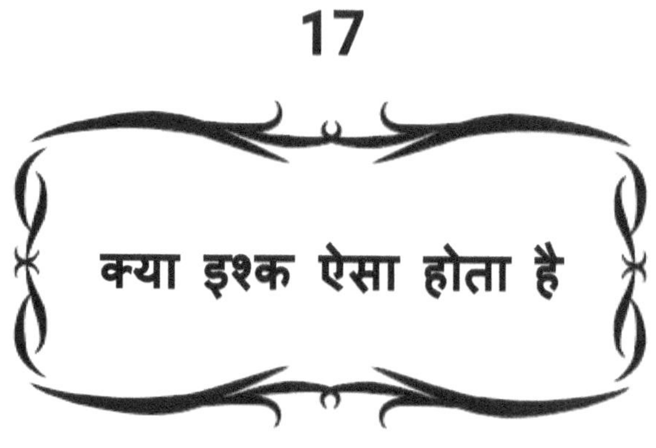

कैसे मान लू इश्क एक ही बार होता है?

जो यह सच होता, तो क्यूँ यह दिल बार बार रोता है?

दिल में ना जाने कितनी बार हल चल होती है,

पर जब टूटा है तो इसकी सिसकी सिर्फ हमें सुनाई देती है।

कुछ वक़्त का सहारा होता है,

कुछ उम्मीद लगाये हम होते है,

दिल बहलाने को हम किस्मत का तकाजा कहते है,

यह नहीं इससे अच्छा और है मुकद्दर में यह मान लेते है।

रोज मर्रा की ज़िंदगी में हम फिर ढूंढने लगते है,

एक चेहरे को बदल कर दूसरा चेहरा दिल में बसा लेते है,

कितने नासमझ है कि फिर उसको इश्क मान लेते है,
जब दिल फिर टूटा तब नयी उम्मीद बांध लेते है।

कौन कहता है कि इश्क एक ही बार होता है?
जो ये सच होता तो क्यूँ ये बार बार इंतिहान लेता है?

18

ना रात कटती है और ना यह ज़िंदगी,

एक शख़्स का इंतजार नींद उड़ा ले गया,

ना जाने किस ग्रह का बना है वह निवासी

जहाँ इस दिल की रूह तक नहीं जा पाती,

यूं तो जोड़िया ऊपर से बन कर आती है,

मानो हर किसीके मुक़द्दर का कोई साथी है,

फिर ना जाने क्या खता इस दिल से हुई,

कि अपनी तो किस्मत भी दो कदम आगे चलती है।

सात जन्म ना नाता ना सही,

इस जन्म का हो कोइ तो साथी,

जिसे देख ज़िंदगी यू गुज़रे,

ना दिन का हो इंतजार, ना रात से हो कोई तकरार।

19

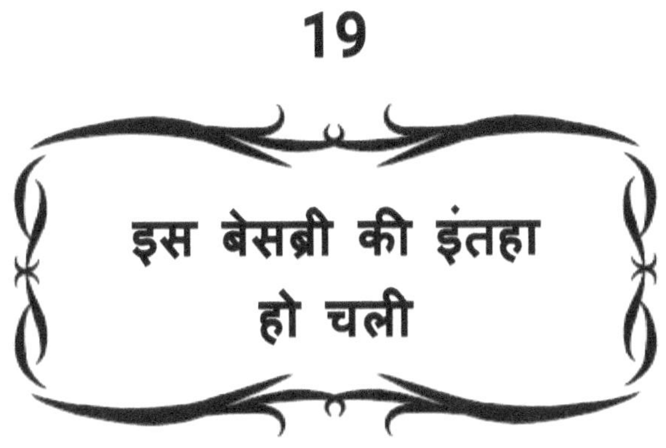

एक आरजू दिल में थी,
जो बतानी तुम्हें थी,
एक मुलाकात की आस थी,
तुम्हारी ख्वाहिशें जानने की चाह थी।

कुछ तुम्हारी सुननी थी,
कुछ अपनी सुनानी थी,
वह क्या कशिश खींच लायी थी,
जो तुम्हें ज़िंदगी साथ गुजारनी थी।

कुछ अनकही सी दास्ताने थी,
जो तुम्हें महसूस होनी थी,
कुछ ढाढ़स चाहिए थी,
जो तुम्हें हमको देनी थी।

बस इतनी सी आरजू थी,
जो एक मुलाकात की मुहताज थी,
पर तुम्हारी कोई ख़बर ना थी,
और हमारी बेसब्री की यहीं इंतेहा थी।

20

गुज़र रही थी ज़िंदगी कुछ इस कदर,
बेफ़िकर से थे हम कल को लेकर,
जो भी लिखा था मुक़द्दर में मेरे,
दिल से जिया था हमेशा मुस्कुराकर।

फिर एक रोज उठी एक लहर इस कदर,
साथ आयी वो अपनी ऊर्जा लेकर,
ख्वाहिशों का मेरी हुआ सवेरा,
देखा एक ख़्वाब साहिल पर बैठकर।

समुन्दर की लहरों का शोर हमारा सा था,
मानो कहता हो कि ये साहिल हमारा था,
नजाने कहा से आया काले बादलो का साया था,
लहरों का खोना तो उनमें निश्चिंत था।

साहिल पर बैठ फिर इंतजार किया,
लहरों का कोई संचालन ना था,
मान लिया हमने मुश्किल से था,
इन लहरों का साहिल पे हक्क ना था,

फिर उठी वो लहर कुछ इस कदर,
उठी समुंदर में वह बनी बड़ी सी भँवर,
सुनामी का आना तो तय था,
लहरों का साहिल पे आना अनिवार्य था।

नजाने किस्मत को क्या गवारा था,
काले बादलो का साया लौट आया था,
लहरों को समुंदर में खोना था,
क्योंकि फिर लहरों का मुकद्दर साहिल ना था।

21

तेरा आना एक उम्मीद सा था,
ख़यालों में बुना एक आशियाना था,
किस्मत ने उठाया एक बवंडर था,
तेरा गुम होना एक पहेली सा था।

वक़्त का तकाजा था,
तेरा लौटना भी एक पहेली सा था,
मानो जीवन का पूर्ण वृत्त था,
यह एक अचंभे से कम ना था।

तेरी ख्वाहिशों का दस्तूर निराला था,
तेरे फैसले में हमारी आरजू का मूल्य ना था,
तूने करना सिर्फ अपने मन का था,
फिर हमें यू ख़्वाब क्यूँ दिखाना था?

ज़िंदगी का सिखाया फिर ये सबब था,
हमारे मुक़द्दर में रिश्ता कोई अलग था,
इस रिश्ते का अस्तित्व भी निराला था,
जो ना अपना था ना बेगाना था।

कहने को ये रिश्ता दो तरफा था,
क्योंकि इसको चुना फिर तुमने ही था,
लेकिन सम्मान सिर्फ हमने दिया था,
जो रोज दुआ में नाम तुम्हारा ही याद किया था।

हमने रोज याद दिलाया था,
जिसको तुमने लौटाया था,
अनगिनत शब्दों से भरा पर्चा हमने बनाया था,
जिसे पढ़कर तुमने सिर्फ मुस्कुराना था।

इस मुस्कान के पीछे क्या भाव था,
यह हमारे लिए आज भी पहेली सा था,
बूझे तो जाने यह खेलना तुम्हारा शौक था,
जिसको सुलझाना हमारे बस का ना था।

ज़िंदगी का दिया ये कैसा रिश्ता था,
जो आज भी एक पहेली से कम ना था,
इसलिए दिया तुमको ये नाम था,
अजीब विकट प्राणी जो पहेली सा था।

ना जाने किस्मत को क्या कबूल था,
इस रिश्ते का अजीब सा दस्तूर था,
तू कल भी एक पहेली सा था,
तू आज भी बस एक पहेली सा है,
जिसे बूझाना, सिर्फ तुमने है।

22

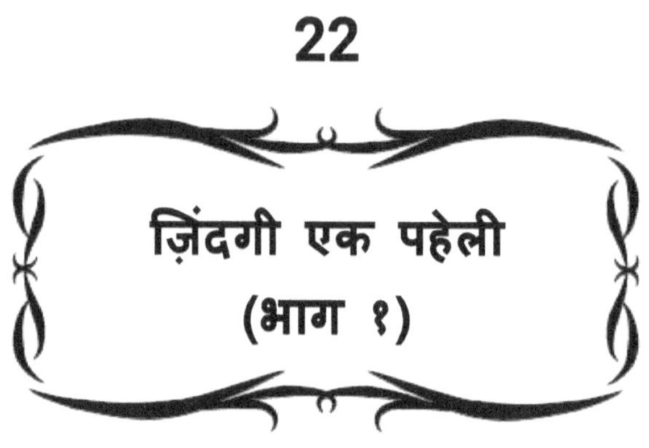

ज़िंदगी क्या खूब पहेली है,

एक मोड़ से गुजरे हम दो अजनबी,

जिस मोड़ से गुजरे हम,

उसी मोड़ से गुजरे तुम,

ना हम तुम्हे जानते थे,

ना तुम हमें जानते थे,

पर बार बार उसी मोड़ से गुजरे दोनो,

ले आयी हमे उसी मोड़ पर,

जहाँ आज हम अजनबी नही,

क्या गुजारिश है जिंदगी,

की उसी मोड़ से गुजरे हम,

हमसफर या अजनबी बनकर,

ज़िंदगी क्या खूब पहेली है।

23

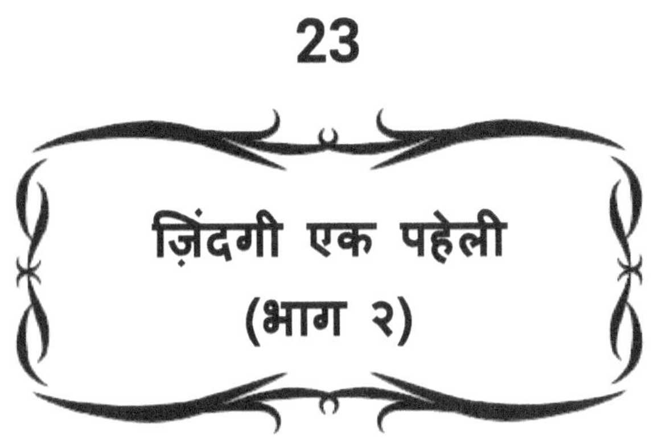

ज़िंदगी क्या खूब पहेली है,

एक मोड़ से गुज़रे थे दो अजनबी,

वक़्त ले आया उसी मोड़ पे,

जहाँ से मंज़िल शुरू होनी थी,

हमसफर या अजनबी बनकर,

कुछ लम्हे साथ चलें,

या चलने की कोशिश की,

फिर ले आई ज़िंदगी उसी मोड़ पर,

जहाँ रह गए फिर दो अजनबी बनकर,

क्या ले आएगी ज़िंदगी उसी मोड़ पे?

जहाँ से चले अजनबी फिर हमसफर बन कर....

24

ज़िंदगी क्या खूब पहेली है,

जब लगा कि वह अजनबी ही था,

हमसफर ना था, पर दिल के करीब था,

हमरा साथ बस यही तक था।

तब कहीं से उम्मीद की किरण आयी,

अपने साथ नयी पहचान लायी,

जिन रिस्तों की खबर ना थी,

उन रिश्तों ने भी अपनी मोहर लगायी,

अब यह तो पता था कि वह अजनबी नहीं था,

हमसफर ना था पर बेगाना भी नहीं था,

इक नयी उम्मीद लिए नये सवेरे का इंतजार था,

चल पडी उसी राह पर जहाँ हमसफर को पाना था।

रोज एक कोशिश का सहारा था,
दिल में खिला ख़्वाबों का आशियाना था,
दिल की बेचैनी का कोई ठिकाना ना था,
जवाब मिलने का कोई संकेत भी ना था।

रुक जाती ज़िंदगी यह सोच कर,
क्या होगा आगे इस मंजिल का,
डर लगता यह सोच सोच कर,
कही खोना दू आगे किसी मोड़ पर।

जिस बात का डर था आगे वही लिखा था,
सारी कोशिश धरी रह गई इक अनचाहे मोड़ पर,
अब यह आलम था कि आगे तो जाना था,
पर किस रास्ते से गुजर ना था इस का कोई इल्म ना था।

ज़िंदगी क्या खूब पहेली है,
मंज़िल का पता तो था पर आगे जाने का कोई और सहारा
ना था।

25

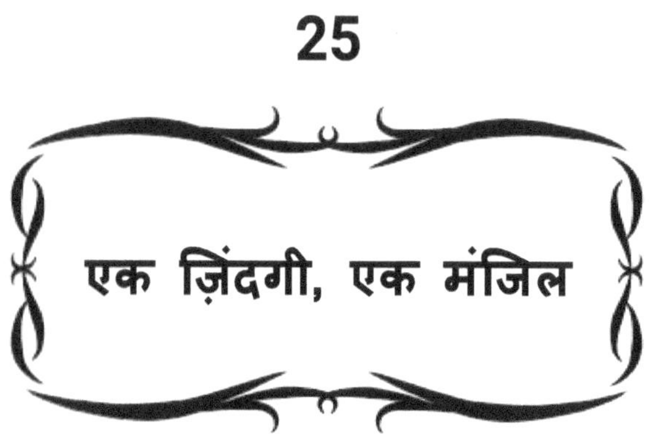

मंज़िल का पता था पर पहुँचने का रास्ता धुंधला था,

हर कदम पर एक अंजाना सा डर था,

हर पल एक सवाल सा दिल में था,

क्या यह मंजिल ही हमरा मुक़द्दर था?

रोज एक उम्मीद सी जगती, आज किसी ने आना है,

कोई पैगाम ही लाना था,

या कोई रास्ता दिखाना था,

उसके आने का हर पल इंतजार था।

दिन ढलने पर रात का साया ही नजर आया,

कोई ना आया ना किसी का साथ पाया,

जब जब लगा कि इंतजार बहुत होगया,

तब दिल ने कहा यह तो बस एक मोड़ था,

ज़िंदगी ने कहा तू रुकता न थकता,

उम्मीद की आस से बँधे रहता,

रात कितनी काली क्यूँ ना सही,

क्या सुबह के सूरज को जीत पाया कोई?

हर काली रात का गुजरना तो तय था,

देर से ही सही भोर को अपना श्वेत रंग दिखाना भी तय था,

तुम्हें ना उम्मीदी का एहसास करना था,

पर मुक़द्दर तो तेरा भी तय था।

कौन से रास्ते चल के मंजिल को पाना था,

यह तुझे पता ना था,

पर चलते रहना यह तेरा काम था,

मंज़िल तो हर हाल में पाना ही था।

तू रुक ना नहीं तू थक ना नहीं,

तेरी उम्मीद पे आस छोड ना नहीं,

कर हौसला बुलंद अपना, मंजिल कितनी ही दूर सही,

मंज़िल को पाये बिना तू आज सोना नहीं।

26

तस्वीर

गुम हो गये है खुद, आप की तलाश में,
मिलते भी हो तो बस, हमारे ख़यालों में,

धुंधली सी छवि है, मेरे मस्तिष्क में छायी है,
तुम्हें महसूस करके, दिल से उतारी है,
मीठी सी मुस्कान हैं, जो इस दिल में समायी है,
तेरे मेरे साथ होने की, एक उम्मीद सी बंधायी है।

रंग गोरा ऊंचा सा कद है, मानो ये रचना मेरे लिए ही
बनाई है,
काली गहरी आँखें, मानो क्या कहती आयी है,
धीमी सी ध्वनि है, इन कानों ने सुनी है,
गौर से सुनो, तो हर पल कुछ कहती हुई पाई है।

तेरी ये तस्वीर मैं ने बनाई है,

इस में रंगों की कुछ कमी मैं ने पायी है,

आके देख तो लो क्या सही बनाई है,

जो तेरी छवि है वह कैसी उभर कर आयी है?